AF220844

© 2021 Lotar Martin Kamm
Herstellung und Verlag:
BoD – Books on Demand, Norderstedt
ISBN: 978-3-7543-0694-9

„Die Konservativen sind die Pausenzeichen der Geschichte" (Norman Mailer)

Wenn der Winter anklopft

und andere Gedichte

Lotar Martin Kamm

Inhaltsverzeichnis

Am Leben vorbei

Ein Kommen und Gehen
wir uns betrachten dürfen,
viele das unbedingt wollen sehen,
dabei gar Champagner schlürfen.

Die Quoten entscheiden das Programm,
ob uns das gefällt oder auch nicht.
Reaktionen einfältig und lahm
in allen Größen bis zum Wicht.

Von der Glotze zur Politik,
der Unterschied nicht allzu groß.
Große Monitore gelten als besonders schick.
Was ist da nur in den Köpfen los?

Unterhaltungswerte auf flachem Niveau,
Hauptsache Action und Gewalt haben ein Ventil.
Zuviel Ablenkung dabei, gar bis ins Klo.
Wohin führt uns dieses denkwürdige Ziel?

Abgestumpft, emotionslos der Fernsehkonsum,
vergessen das Leben in der Natur,
manch einer fragt sich, was tun.
Wer durchbricht jene Struktur?

Am Vorabend neuer Herrschaft

Reizende Worte dringen zu hellhörigen Ohren,
fremdbestimmt ohne Unterlaß,
in einem Schwall dunkler Gewitterwolken,
die nur langsam von dannen ziehen.
Wer ergreift selbstbestimmt Initiative,
um gezielt erste Bösartigkeiten zu entlarven?

Wohlklingende Worte finden fragende Verunsicherte,
eiligst auftretende, selbsternannte Führer,
völlig skrupellos in ihrem Siegeszug,
wagen erste Schritte hin zu neuem Diktat.
Wer dabei wohl erneut straucheln wird,
wenn am Ende es wieder heißt: Krieg?

Keine Worte dringen mehr nach außen,
stumme Blicke in aschfahlen Gesichtern,
regungslose Minen voll trauriger Momente
das bunte Leben einstiger Zeiten vermissen.
Wer vermag noch die Kraft aufbringen,
um solch böse Brut erneut niederzuringen?

Andacht

Weihnachtszeit
dazu bereit
über den Schatten zu springen
gemeinsames Singen
kaum traute Einigkeit
schon wieder soweit
wenn Glöckchen erklingen
wir uns Geschenke bringen
Trotz manch Einsamkeit
im schicken Kleid
Verweilen in solchen Dingen
Andacht ist am Ringen
Viele meinen sie seien gescheit
und übersehen dabei manch Leid

Atomknopfgetümmel

Er hat den größten...
zweifellos.
Die Menge staunt
und schweigt.
Denkt sich ihren Teil.
Wer hat's hierbei vergeigt?
Offensichtlich gut gelaunt
springt ein Hund auf dessen Schoß.

Er hat den größten
Roten Knopf.
Wie bei nem Kind
entfleucht der Vergleich,
ein Tanz auf dem Seil.
Die Meldung folgt übern Teich
ganz geschwind
vom narzißtischen Tropf.

Er hat den größten
Bedarf,
ständig zu prahlen.
Was für ein Präsident,
manche finden es geil.
Wie er sich verrennt,
welch unsägliche Qualen,
Kritik wird scharf.

Ausbeutung stets unterwegs

Eingeschlossen chancenlos,
ausgeliefert totaler Ungewißheit.
So manch höhnischer Boß
lernt nichts, wird nicht gescheit.

Denn dazu bedarf es mehr Weitsicht,
die schon lang abhandengekommen.
Man suhlt sich lieber im glänzenden Licht,
berauscht vom Reichtum, ganz benommen.

Sie denken, jenes perfide Spiel endlos ginge,
obwohl stets Gewalt Gegengewalt hervorrief.
Begreifen nicht solch einfachen Dinge,
Hauptsache der Profitsegen weiterlief.

Ausbeutung mag zunächst funktionieren,
stets solch altbekannte Methoden greifen.
Die Geschäfte scheinbar ewig florieren,
Ahnungslose lassen sich dabei einseifen.

Aber wehe, wenn Mensch sich davon befreit,
dann tobt ein wütender Mob durch die Straßen,
bald ist's schon wieder soweit,
man erkennt es am tagtäglichen Hassen.

Ausgeträumt Humpty-Trumpty

Hat die Wahl verloren,
fühlt sich aber auserkoren,
meint, er sei noch im Rennen.
Da nützt kein Flennen,
kein Lästern und Fluchen,
um Wahlbetrug zu suchen.
Weder Medien beschimpfen,
noch Haßtiraden zu impfen.
Nächtliches Twittern
bringt die USA nicht zum Zittern.
Es hat sich ausgeträumt,
doch der Verlierer weiter schäumt.
Was soll der Graben vorm Weißen Haus?
Das imponiert keinen Santa Claus.
Die Welt kann gut auf ihn verzichten,
gewonnen hat Humpty-Trumpty mitnichten!

Bosheit kein Lebenszweck

Geistige Brandstifter sind stets unterwegs,
um Nahrung zu finden,
ihre fanatischen Gedanken weiterzutragen.
Sie haben nichts zu sagen,
außer Menschen zu schinden
wie fortgeschrittener Krebs.

Haß kann sich einfach entfalten,
findet ungebremst Wege,
ohne rechtzeitig aufgehalten zu werden.
Menschen verhalten sich wie unsichere Herden,
auf daß man Angst ständig pflege,
statt folgerichtig zu schalten und walten.

Gebt ihnen keine Bühne, kein Podium, keinen Raum,
sie nutzen jede Bosheit für ihre Zwecke,
finden weiterhin sorglose Verbündete.
Erst wenn man deutlichst verkündete,
daß solch Gedankengut verrecke,
keine Chance, weder für blau noch braun.

Corona bestimmt das Jahr

Abstand halten das Gebot der Stunde,
Rücksicht nehmen,
so die allgegenwärtige Kunde.
Medien berichten über jene Themen,
den Alltag fest im Griff,
sorgenvoll man in die Zukunft blickt.

Gefühle wie auf schwankendem Schiff,
die Merkel wohl nicht richtig tickt.
Krude Thesen längst auf dem Weg,
Rechtsradikale mischen Verunsicherte auf,
dreiste Umstürze wie eh und je im Gepäck,
immer größer jener Widerstands Hauf'.

Das Virus unterscheidet mitnichten,
findet stets neue Opfer zurzeit.
Es hilft kein verzweifeltes Dichten,
wenn Fanatismus macht sich erneut breit.
Ein klarer Verstand sondiert die gefährliche Lage,
auf daß man Besonnenheit nach außen trage.

Das Mißverständnis

Randnotiz entnommen,
ohne hinzuschauen.
Du siehst ganz verschwommen,
wie sie deinen Wagen klauen.
Einmal nicht aufgepaßt,
schon kam die Gelegenheit.
Egal für sie der mögliche Knast,
Hauptsache Konsum schafft Zweisamkeit.

Das Blaulicht kommt irgendwann,
genervtes Räuspern zu hören.
Du antwortest der Uniform dann,
die wird dein Jammern kaum stören.
Wie jetzt ohne Auto zur Arbeit gelangen,
kann man es daher abschreiben?
In der Regel kriegen wir sie nicht gefangen,
müssen Sie sich ein anderes auftreiben!

Du sitzt enttäuscht auf Parkes Bank,
haderst mit dir und ungerechter Welt.
Schon fühlst du dich ganz krank,
weißt nicht, woher nehmen das Geld.
Auf einmal hörst du den bekannten Ton,
deine Mary hat nen bestimmten Klang.
Es waren keine Diebe, sondern dein Sohn,
reicht den Schlüssel, gibt dir nen Kuß auf die Wang.

Dem ewigen Leben entronnen

Sonnenstrahlen unterwegs,
auf erstarrte Erde treffen,
Pflanzen lechzend frohlocken,
Haut gebräunt Schwätzchen hält.

Trockenheit manch Meldung wert,
Vögel verdurstet vom Himmel fallen,
der Rote Planet Eis enthält,
Wissenschaft Leben vermutet.

Zerstörung nicht zufällig geschieht,
Menschen arglos verweilen,
Mutter Erde vieles einfach wegsteckt,
im All bleiben sie unentdeckt.

Dem rechten Diktat trotzen

Empfindsamkeit
allzeit bereit
auszubrechen?
Oder wird's sich rächen,
Mut zu zeigen,
auf Argumente einzusteigen,
die schnell in den Raum geschmissen,
da Gewalt Gruppen auseinanderrissen?

Gelassenheit
allzeit bereit
sich einzufinden?
Oder heißt's erneut sich schinden,
für jeden Hungerlohn,
wie früher für Fürst und Baron?
Hurtig, schön brav angepaßt,
weil ihr sie schweigsam laßt?

Einsamkeit
allzeit bereit
sich auszubreiten?
Oder wollt ihr euch endlich vorbereiten,
dem rechten Diktat zu trotzen,
statt vor Angst im Rinnstein zu kotzen?
Wohlan, bloß nicht verzagen,
sonst werden sie euch mal wieder jagen!

Der Olle mit der Tolle

Ein Wermutstropfen rennt hinab
von seinem Doppelkinn,
hat so manches im Sinn,
hält ihn daher auf Trab.

Von wem mag wohl die Rede sein?
Ihr kennt ihn allesamt,
seine Taten werden ihm aberkannt,
hoffentlich nicht nur zum Schein.

Möge es vielleicht rätselhaft erscheinen,
mit ein klein wenig Verstand
wird er zugleich erkannt.
Vier Jahre hielt er etliche auf Beinen.

Namen sind nur Schall und Rauch,
trotzdem bleiben sie uns haften.
Viele Betroffene es dennoch nicht schaffen,
stehen ratlos seitdem unsicher auf dem Schlauch.

Er hat den Wermutstropfen verschluckt,
nicht wirklich, aber als Metapher.
Da draußen stehen viele Gaffer,
auf die der Olle mit der Tolle weiterhin spuckt.

Der Ruhm vom Konsum

McDonald's Fraß
liegt auf der Straß',
was soll das?

Daneben trockenes Gras,
weil ohne Unterlaß
die Politik uns vergaß,
oder einfach kein Naß?

Nur so zum Spaß
erheben wir das Glas
und bitten Euch zur Kass',
stechen an das Faß,
trinken gar ein Maß.

Ihr fragt: Was soll das?
Was in den Köpfen saß,
muß raus, aber ohne Haß.

Der Ruhm vom Konsum
wird nicht lange ruh'n.
Ihr fragt: Was tun?
Wann macht's bumm?

Ziemlich bald ist's rum,
kein Bienchen mehr summ'.
Mensch so was von dumm!

Die blaune Brut frohlockt

Erwartung
ohne Gegenleistung
findet erfolgreich
Opfer vor Ort.
Simple Phrasen
müssen nur noch
gedrescht werden,
vernichten wache
Strukturen derweil.
Hauptsache wirre Gewalt
sucht passende Ventile
im täglichen Haß.
Kulturelles hinfort,
ob jung oder alt,
Neonazis stoppen jeden Spaß.

Die dunkle Zeit zeigt sich

Nebelschwaden ziehen erneut durchs Land,
während Blätter lautlos fallen
wie ein kunterbuntes, feuchtes Band
und Gänse die tiefen Wolken beschallen.

Der Herbst zeigt sein unverkennbares Kleid,
für viele Gemüter der Sommer unvergessen -
und manche Seele ist längst noch nicht bereit
auf die dunkle Zeit, die Ende Oktober wieder wird
gemessen.

Schon kreisen die Gedanken zum erneuten, zarten Grün,
als ob sie den nahenden Winter verbannen mögen,
wenn danach wieder die Vögel im Himmel Bahnen zieh'n,
und Kühe über Weiden grasen, statt im Stall aus Trögen.

Die Wut danach

Die Gunst der Stunde
nie endenwollend uns erscheint,
macht so manch Runde,
Hoffnung erwartungsvoll aufkeimt.

Bösartige Gesellen im Bunde,
im Verborgenen ein Mädchen weint,
„mißbraucht" in aller Munde,
jetzt betrachtet man sie als Feind.

Was mag Menschen dazu treiben,
jene unsagbare Gewalt
unerschrocken sich einzuverleiben
wie ne mißratene Axt im Wald?

Was soll diese Macht ohne Unterlaß,
jedwede Gefühle ausgeblendet,
die gänzlich ohne herzlichen Spaß
behütetes Leben brutalst verschwendet?

Die Wut danach nur allzu verständlich
nach Rache gezielt sinnt.
Wenn gefunden die Schuldigen, endlich,
die geschunden das ahnungslose Kind!

Doch wieder Faschismus

Tauziehen allseits beliebt,
egal an wessen Ende,
Meldungen ausgesiebt,
Fake News bereits Legende.

Hauptsache Parolen brüllen,
es bleibt schon was hängen.
Kein Nachdenken im Stillen,
Zögernde unbedingt drängen.

Sie bekämpfen das System,
notfalls auch mit Waffengewalt.
Dann wird's unangenehm,
Haß lautstark in Straßen hallt.

Wer Nazis weiterhin ignoriert,
dem kann man Schuld anlasten.
Jene helfen denen ungeniert,
Beobachter hauen in die Tasten.

Doch was nutzt all das Wissen,
wenn Politik vornehm schweigt?
Man fühlt sich daher beschissen,
sie hat es erneut vergeigt!

Eine Weile lang nur laß uns träumen

Bitte halt mich ganz fest in deinem Arm
einzig liebgewonnenes Vertrauen.
Man begegnet sich mit ganz viel Charme,
anstatt Trübsal blasend nach hinten zu schauen.

Ach, was wollen uns diese Zeiten alles sagen?
Dachten nicht schon viele in ähnlichen Bahnen,
gerade so kurz vor kriegerischen Tagen?
Müssen uns erinnern, stets heftig ermahnen?

Denk ich an vergangene schöne Stunden,
in denen wir nachts zusammen lagen,
in Träumen wir liefen viele Runden
mit Freude, statt wie jetzt voller Unbehagen.

Dann wünscht man eine große Ewigkeit,
solch Momente für immer festzuhalten.
Aber sie gleitet dahin, die erbarmungslose Zeit,
um Geschichte bösartig zu gestalten.

Hat nicht Mensch selbst es täglich in der Hand,
seine geduldeten Herrscher von dannen zu jagen?
Warum läßt er bloß zu diese unsichtbare Wand
voller Wut und unnötigem Wehklagen?

Nichts dazugelernt, du dienend stiller Tropf?
Anstatt sich zu wehren, verharren in großer Masse?
Nein, das ist dein eigens erschaffener Zopf,
eine denkwürdig ganz spezielle Klasse!

Willst nicht endlich aufstehen, dich erheben,
bevor Eliten selbst in Träumen dir nachstellen?
Nichts haben wir zu versäumen, sondern streben
endlich zu jenen mutigen Gesellen.

Bitte halt mich ganz fest, bevor wir davongleiten.
Selbstvertrauen wird sich jetzt erschaffen,
gar kreative Köpfe in jenen Zeiten
ihn beenden, den Reichtum ewiglich zu raffen!

Erkenntnisse umsetzen

Reizüberflutung trifft auf Leere
ohne Unterlaß,
sucht Wege der Gelassenheit
im Vorfeld einer Unterhaltung,
die nicht fruchten will.
Dann wird's plötzlich schrill,
kommt auf ungeahnter Schwung,
manch trostloses stößt auf Heiterkeit,
das macht richtig Spaß,
der möglichst oft wiederkehre.

Veränderung möge uns ereilen,
die Entwicklung bedeutet,
hin zu anderen Ideen,
kreatives auf verkrustetes trifft,
neuen Wegen Räume schenkt.
Mensch nicht mehr abgelenkt,
manch schwierige Hürde umschifft,
kann jetzt viel klarer sehen.
Keine Ressourcen vergeudet,
sondern mit der Natur verweilen.

Facebook zurechtbiegen?

Hab noch schnell auf FB geschrieben,
Antwort, es sei manches übertrieben.
All die Fakenews, all die Lügen,
jeder will jeden betrügen.

Trolle genießen es in vollen Zügen.
Worin mag da ein Sinn wohl liegen?
Wir werden uns trotzdem nicht verbiegen.
Doch etliche meckern wie Ziegen,
bei kontra tust du von ihrem Profil fliegen.

Mannomann, können die nie genug kriegen?
Das Motto lautet: stets siegen.
Wir wollen was damit anschieben?
Ihr sollt nicht hassen, sondern lieben!

Fehlentwicklung ändern

Drei Worte bestimmen das Leben,
Nehmen und Geben
das menschliche Bestreben.

Ich liebe dich,
so oft und gern gesagt,
erscheint ungefragt.

Manche Sätze uns verletzen,
einige sich verwundert setzen
beim fragwürdigen Hetzen.

Nach Gewalt bis hin zu Krieg
gibt es überhaupt keinen Sieg.
Mensch pflegt dennoch diesen Tick.

Alles Sein daher in Frage stellen,
nützt selten in den meisten Fällen.
Möge uns Kreatives besser erhellen.

Finstere Wolken am Horizont

Veränderung wohin das Auge reicht,
selbst wenn mancher Gedanke sich einschleicht,
daß gezielt nachgeholfen wird,
die eine oder andere Fensterscheibe klirrt.
Gewalt dabei keineswegs eine gute Option,
es stört auch ein böswilliger Ton,
der besonders in Medien zum Tragen kommt,
das haben etliche schon früher gekonnt.

Unser Zusammenleben abhängig von Friedenszeiten,
doch die verabschieden sich mal wieder bei Weitem,
weil Geldflüsse stets Politik diktieren,
Hauptsache Menschen gehorsam dann parieren.
Vergessen Meinungsfreiheit und Menschenrecht,
morgen schon bist du wieder ein willfähriger Knecht.
Dann herrscht erneut das Diktat der Herrenrasse,
die bestimmt, wer lebt oder verreckt auf der Straße.

Fleischverzehr taugt nichts

Herzhaftes Zubeißen garantiert,
enthusiastisch gegrillt,
völlig ungeniert,
man dabei chillt,
dem Fleischkonsum verfallen,
weil andere es doch ebenso machen,
sie es daher gar nicht schnallen,
lassen es lieber würzig krachen.

Was interessiert Massentierhaltung,
Hauptsache das Ego befriedigt,
welch ekelhafte Verachtung,
Mensch sich dermaßen erniedrigt.
Sie glauben, das sei obendrein gesund,
all jener maßlose Fleischkonsum,
Kritik sei eine neidvolle Kund',
Irrtum, kommt nichts Gutes bei rum.

Manch Krankheit folgt auf dem Fuße,
Ernährungsgedanken schießt man in den Wind,
hat nichts zu tun mit andächtiger Buße,
aber Hauptsache Schwein, Hammel oder Rind.
Vegetarismus nicht einfach nur ein Wort,
der Körper dankt es uns allemal,
zu viel Fleisch in einem fort,
das bedeutet für viele unnötige Qual.

Flötenspiel

Es begaben sich zwei Igel auf Wanderschaft,
der eine wollte bald pausieren,
während der andere voller Tatendrang.
Sie hatten all ihren Mut aufgebracht,
ihnen konnte ohnehin nichts passieren,
als von weitem erscholl ein lauter Klang.

Den vermochten beide nicht einzuschätzen,
zumal noch ihr Ziel vor Augen lag,
welches nicht nur mit Mut verbunden.
Dank ihrer Stacheln konnte keiner sich verletzen,
das brachte sie dennoch nicht weiter an jenem Tag,
es galt, überall die Gegend zu erkunden.

Da, der Klang erscholl plötzlich ganz nah,
die Igel sich zu einer Kugel zusammenrollten,
ein Mädchen spielte beherzt eine Flöte.
Etwas einmalig Schönes daraufhin geschah:
Noch mehr Tiere sich zu allen trollten,
am Ende sprang herbei ne große Kröte.

Frag stets warum

Irgendwann folgt ewiglicher Run,
nirgendwo steht geschrieben,
passiert nur just for fun,
alles sei ohnehin übertrieben.

Irgendwie mögen manche vieles glauben,
nirgendwo ein ehrliches Wort,
weil sie dir deine Zeit rauben,
die ist dann tatsächlich für immer fort.

Irgendwer erhebt sich aus der Masse,
hat den Mut trotz aller Gefahren,
schert sich einen Dreck um jedwede Klasse,
läßt Kritiker dadurch im Unklaren.

Irgendwen trifft es dann im Übermut,
Vorsicht fand keinen gezielten Platz,
nichts wird hinterher wieder gut,
obwohl Nächstenliebe ein solch großer Schatz.

Irgendwas bleibt bei all dem hängen,
keine Macht stoppt Gedanken,
sie wähnen sie in ihren Fängen,
doch verlieren dabei alle Schranken.

Freie Medien enttarnt

Eine Flut von Meldungen erreicht uns täglich,
wer mag dabei schon unterscheiden,
was äußerst wichtig oder einfach nur kläglich,
wer wen mag oder kann so gar nicht leiden?

Medien sehr gezielt instrumentalisiert
unterliegen dem Korsett ihrer Auftraggeber,
wer sich nicht unterordnet, verliert,
manch einem läuft daher eine Laus über die Leber.

Solch scharfsinnige Querulanten schnell abgeschoben,
ins Aus gedrängt neue Wege der Entfaltung suchen,
während treudoofe Duckmäuser sich dabei austoben,
in ihrer Verlogenheit empfangen ein Stück vom Kuchen.

Bloß nicht hinter Kulissen schauen,
ewiglich an seinem Pöstchen festhalten,
dann lieber sich anpassen, nur nicht trauen,
manch Gewissen und Moral tat erkalten.

Der Verbraucher hat sehr wohl dabei seine Rolle,
hat kein Recht, sich simpelst wegzuducken,
kann vieles verändern, wenn er denn nur wolle.
Da hilft bestimmt ein gezielt orientiertes Aufmucken!

Frieden nur eine Illusion?

Gar keine Zeit,
stets bereit
dem Land zu dienen.
Soldaten auf den Schienen.
Wer kennt nicht das Bild
vom übermächtigen Schild?

Gar keine Zeit,
entrückt vor Übelkeit
über soviel Zerstörungswut.
Sie predigen, alles wird gut.
Wir kennen die Wirkung vom Krieg,
dennoch erhoffen welche den Sieg?!

Gar keine Zeit
vor lauter Schnellebigkeit,
die uns die Welt versaut.
Daß Politik sich das noch traut?
Massen folgen ihren Führern,
wer aufmuckt, zählt zu den Verlierern.

Gar keine Zeit,
stets bereit
das schlimmste in Kauf zu nehmen.
Wohin mit all den Problemen?
Wer kennt nicht die Vorzeichen,
initiiert von den Überreichen?

Jede Zeit der Welt,
wenn Ihr endlich verbannt das schmutzige Geld!
Jenes Krebsgeschwür versaut unser Leben,
genau sein Ende sollten wir anstreben.
Wir hätten das Paradies auf Erden,
stoppen wir jenes sinnlos kriegerische Sterben.

Ganz leise auf die Reise

Zwei Reiszwecken
wollten die Welt entdecken,
dabei allerlei aushecken,
prompt in Frankfurt auscheckten,
dabei Neugier erweckten,
vor Scham sie sich versteckten.

Schließlich in den Lüften waren,
sahen sie Vogelscharen
wie schon eh und je seit Jahren
vorbeifliegen. Waren sich im Klaren,
sie würden bald Mal per Schiff fahren,
diesen Traum sich bewahren.

Zwei Reiszwecken
sich seitdem erst recht necken,
manch Story aufdecken,
nur so zu Testzwecken
ohne dabei anzuecken,
vor nichts zurückschrecken.

Gebt jedwedem Haß den Laufpaß

Hoch die Tassen, heute laß uns prassen
ohne jedwede Scheu – Geld wie Heu,
aber keinerlei Gewissen, drauf geschissen,
könnt man meinen, doch sie tun's verneinen.

Immer dieselbe Klasse erhebt sich zur Herrenrasse,
geht gar über Leichen, skrupellos sondergleichen.
Nächstenliebe nicht vorhanden, treten auf in Banden,
ihr einziges Ziel: von allem möglichst viel.

Heuchelei, wohin das Auge reicht, der Gesetzlose weicht
nicht von seinem eingeschlagenen Pfad, oh, wie schad.
Und während viele leiden, müssen Beherzte sich
entscheiden,
ob nicht Widerstand oberste Pflicht, selbst ohne Gericht.

Die Menschheit schaut dem Treiben viel lang zu, findet
kaum Ruh,
wehrt sich nicht entschieden genug, folgt stets demselben
Betrug,
der kein Erbarmen kennt, vielmehr dem Reichtum
nachrennt.
Mit diesem Wissen schreitet zur Tat, verpaßt ihr's, wird's
fad!

Zerstörung, ein Zeichen sinnloser Wut, Kampf um Hab
und Gut,
weil die da oben es Euch befehlen, alle scheinheilig
bestehlen,
das Morden in ihren Herzen Euch bereitet Trauer und
Schmerzen?
Stoppt diesen bösartigen Kreislauf, sonst gehen wieder
Völker drauf!

Geistige Brandstifter unterwegs

Kreischend starrte die Meute,
belustigt und voller Häme
gen verängstigt Eingeschüchterte,
auf daß nicht nur heute
eine humane Erleuchtung käme,
das Böse irgendwie ernüchterte.

Eingespielt wie ein trainiertes Team
folgten Wellen der Gewalt,
die schier endlos sich verausgabten.
Solch Haß sich doch hierbei geziehm,
sie dachten, um alsbald
neues auszuhecken, darüber tagten.

Geistige Brandstifter ersannen ganz im Stillen
Strategien, die planvoll wirken sollten,
um ihr Bedürfnis nach Macht auszuleben.
Wer nicht folgen wollte nach ihrem Willen,
dem sie, wo immer möglich, widerlich grollten.
Sie konnten niemandem etwas gutes geben.

An vielen Orten blieben sie verpöhnt,
weil genug Widerstand sich ihnen entgegenstellte,
ihr Machteinfluß keineswegs griff.
Wir dachten stets, sie seien genug verhöhnt,
doch Ahnungslosigkeit sich dazu gesellte,
die Hemmschwelle der Gewalt sank enorm tief.

Welch gespenstische Stille durchfuhr den Ort,
kaum ein Raunen ward zu hören,
Blaulicht flackerte nonstop auf.
Keine Reue, kein Mitleid ergriff das Wort,
im Gegenteil, sie begannen gar Hilfe zu stören,
was für ein brutaler, menschenverachtender Hauf!

Gerechtigkeit obsiegt

Irgendwie und irgendwo
fielen Gedanken ins Gewicht,
keineswegs einfach nur so,
auch nicht in diesem Gedicht.
Sie manifestieren sich im Kopf,
auch bei dir, du armer Tropf.

Manchesmal, ja, manchesmal
können gewisse Taten folgen,
obwohl der Politik scheißegal,
die schwebt auf Gewitterwolken.
Sie hat keinen Sinn für Volkes Sorgen,
weder heute und erst recht nicht morgen.

Hierzulande und in aller Welt
erkennen Menschen jene Verbrechen,
all die Korruption mit sehr viel Geld,
der kleine Mann soll stets die Zeche blechen.
Sie raufen sich gezielt und lose zusammen,
um gewissenloses Handeln zu verdammen.

Allüberall oder im Nirgendwo
wirken kosmische Gesetze,
keineswegs einfach nur so
entspricht dies billiger Hetze.
Der Weisheits letzter Schlüssel im All
bringt Ungerechtigkeit zu Fall.

Ob Mensch dies sieht oder nicht,
es gibt doch das Jüngste Gericht.

Halbstarke versagen

Wut angesoffen
und dabei hoffen,
daß den Richtigen getroffen.
Der fand sich aber nicht ein,
dieses blöde Schwein.
Nun wieder allein.
Die Aggression muß aber raus,
erweckt bei anderen daher Graus.
Am Ende trifft's ne unscheinbare Maus.

Heuchler unterwegs im scheinheiligen Gewande

Authentische Äußerungen finden Wege in manch Herzen,
staunend die Zuhörerschaft Inhalten lauscht,
die Botschaften anrüchig senden, vom Applaus berauscht,
keiner dabei aufgelegt zu fröhlichen Scherzen.

Demagogen und Heuchler offenbaren sich landauf, landab,
fragend Neugierige keine schlüssigen Antworten finden,
ohnehin der einfache Mensch sich am Schinden,
vorm Ende des Monats erneut nichts mehr gab.

Stets im selben scheinheiligen Gewande treten sie auf,
entlarvend wache Geister ihre Schliche aufzeigen,
doch zu viele verfallen dem simplen Reigen,
bemerken viel zu spät den verlogenen Ablauf.

Verkünder der Wahrheit geben sich arglos zu erkennen,
staunend manch Geselle ihren Phrasen verfällt,
tatsächlich zählt obendrein nur noch schmutziges Geld,
seht hin, wie Massen strömen, zu ihnen rennen.

Manch Weise versuchen ganz leise, aber gezielt aufzuklären,
lauschend im Strudel der News „Back to the Roots" anmahnen,
den Geblendeten aufzeigen, wie Eliten gewissenlos absahnen,
während Armut die Welt regiert, protzen in dekadenten Sphären.

Hirnwäsche

„Wir sind das Volk!"
„Komm runter von deiner Wolk!"
„Wieso denn das,
macht doch Spaß,
die Leut aufzumischen."
„Rechtes Gedankengut auftischen?
Das nennst du gut,
all diese Wut?"

„Na klar doch, es muß raus!"
„Nu mach mal Paus
mit diesem widerlichen Haß,
erzähl mir bloß nicht, dies sei nicht kraß.
Was folgt wohl danach?"
„Ach – lauter Krach!
Wir fühlen uns dabei wohl,
nicht erst seit dem ollen Kohl."

„Alles nur billige Ausreden,
immer wieder diese angeblichen Fehden,
die keine sind.
Am Ende ganz geschwind,
habt Ihr das erreicht, was niemand will.
Und das ist dann extrem schrill."
„Mir doch völlig egal,
es gibt eh keine andere Wahl!"

„Von wegen, die hast auch du,
zieh dir bloß nicht an jenen Schuh,
der dich zur rechten Mischpoke lenkt.
Dann werden wieder Menschen gehenkt.
Ist es das, was du echt zuläßt?"
„Alles Gerede, du nur hetzt.
Geht doch um Ehre, Stolz und Vaterland."
„Sicher nicht, du hast die Lage total verkannt.

Das kehrt unweigerlich zurück in eine Diktatur,
dies will niemand glauben, sieh nur,
wie sie dich bereits für sich wähnen,
da brauchste nicht gelangweilt zu gähnen!"
„Laß mich mal machen,
du wirst lachen, soll endlich mal ordentlich krachen."
„Nun denn, dann zieh mal weiter
auf deiner diffusen Karriereleiter - das wird heiter!"

Im Fahrwasser der Neuen Rechten

Glas zerbricht beim Aufprall
ungewohnter Gedanken,
die Zuhörer staunend empfangen.
Welch grandioser Redeschwall
läßt manch einen im Stillen schwanken,
im Anschluß tobt heftigst Krawall.

Wer mag schon genauer zuhören,
was da an Argumenten vorgetragen,
weil für ständige Ablenkung gesorgt.
Kaum jemand will sich dran stören,
ob Rückschlüsse früher richtig lagen.
Mal soeben eine neue Welt geborgt?

Irgendwann glaubt die Masse jeden Mist,
selbst wenn Lügen offen vor ihr liegen.
Hauptsache nach unten treten.
Wie schnell man das Wahre wohl vergißt,
nur nicht auffallen, sie könnten uns kriegen,
des nachts uns aufsuchen, ungebeten.

Der Platz liegt leer und verlassen da,
Müll als Übrigbleibsel unachtsam ihn säumt.
Morgen ein neues Diktat das Leben bestimmt.
Ob manch Verschlafener sieht, was geschah,
zumal er all die Zeit vor sich hingeträumt,
nunmehr alle auf Gehorsam getrimmt?

Erkennt die Vorzeichen, die längst präsent.
Achtet auf deren spitzen Zungen,
die jedes Mittel sofortigst einsetzen.
Falls nicht, habt ihr die Gelegenheit verpennt,
sind verlogene Versprechen gelungen,
lautet das Ziel, euch gegenseitig aufzuhetzen.

Immer wieder Faschismus

Sie gehören allesamt verboten,
diese unerschrockenen Despoten.
Ob ein Erdogan, Putin oder Trump,
ein jeder verhält sich wie ein Lump.

Es hat nichts zu tun mit Hetze,
wer anzweifelt gewisse Gesetze.
Straffrei möchten sie von dannen ziehen,
normalerweise müßten sie gar fliehen.

Doch bist du als Despot an der Macht,
sind eigene Vorteile schnell vollbracht.
Das galt für ehemalige Herrscher sowieso,
die heutigen sind entspannt und froh.

Das Volk sie simpelst stets wiederwählt,
ihre Propaganda das Ziel niemals verfehlt.
Führer haben weiterhin Narrenfreiheit,
Mensch zum Hadern längst nicht soweit.

Drum fällt das Los auf Krieg, Elend und Armut,
jene Despoten tun niemand gut.
Politik hätte Besserung schon lange in der Hand,
die Justiz verrät dabei so manches Land.

In Gottes Gnaden – wer hat den Mensch eingeladen?

In Gottes Gnaden mag zu vieles uns schaden,
wo bleibt die Erkenntnis, der Verriß?
Ach einerlei, kaum ein Aufschrei.
Es gilt Ignoranz, was fürn Affentanz!

In Dreiteufelsnamen, verkorkst so mancher Samen,
Mensch Genfood herstellt, nicht allen gefällt.
Mutter Natur entsetzt aufblickt, der Ami ne Drohne schickt,
Hauptsache militärisch entsorgt, nicht nur Haß geborgt.

Es zählt nur noch der Run aufs Geld, was für ne Welt.
Stille Momente eher selten, Flüchtlinge in Zelten,
Rassismus weiterhin grassiert, zu wenig dagegen passiert.
Erneut Nazifratzen auftreten, keiner hat sie zu uns gebeten!

In Gottes Gnaden folgen zu viele Untaten,
wer stoppt jenen Unverstand, Armut ein mieser Pfand.
Ach einerlei, Hauptsache Verbrechen sind dabei.
Es gilt Ignoranz, die Obrigkeit kann's!

In Dreiteufelsnamen, die Christen sagen Amen.
Völker Religionen vorschieben, sich wieder bekriegen.
Mutter Natur still ihre Runden dreht, es ist nie zu spät,
Hauptsache man erkennt ihren Sinn, sonst ist alles hin.

Es zählt letztlich das Bewahren klarer Gedanken, kein Schwanken,
ob innerer Einkehr, Frieden sich wünschen so sehr.
Nie wieder Faschismus folgen darf, kein Bedarf!
Egal wieviel Haß sich zeigt. Doch die Masse schweigt.

Jagt die Gier von dannen

Garstige Gespräche beschallen den Raum,
inhaltsleere Argumente im Kopf.
Manch besoffener Geselle hat einen Traum,
köchelnd auf dem Herd der Eiertopf.

Draußen ein stürmischer November sich zeigt,
Bäume entwurzelt, kein Leben zu Schaden kam.
In den Straßen die haßerfüllte Meute schweigt,
Flüchtlinge haben ihnen doch nichts getan.

Beim Saufen schnell die Realität sich verstellt,
ein falsches Wort die Reizschwelle provoziert.
Dem stillen Zuflüsterer solches gefällt,
wenn aus dem Nichts viel Erwünschtes passiert.

Zerstörung Wege der Entfaltung finden will,
während behütende Liebe sorgfältig klärt.
Nicht nur bei Soldaten, überall derselbe Drill,
der wütet. Was läuft dabei wohl verkehrt?

Herrschaften sich stets Spielwiesen ihrer Gier suchen,
Menschen gehorsamst ihnen beiseite stehen.
Man sollte sie ewiglich verfluchen,
von allein werden sie keineswegs weggehen!

Jedes Kreuz gegen die Neue Rechte

Wählen gehen,
endlich verstehen,
was Demokratie bedeutet.
Rassisten haben vieles eingeläutet,
um Eure Meinung zu verdrehen.
laßt ihren Einzug ins Parlament nicht geschehen.

Am Sonntag die Bundestagswahl
empfinden manche als Qual,
doch die Politik bestimmt unser Los.
Kleingeistige Neonazis sind rigoros.
Auferstanden aus tiefstem Tal
wittern sie ihre Chance wieder einmal.

Wählen gehen,
Hürden bestehen,
bevor die Neue Rechte regiert.
Auf das sie viele Stimmen verliert!
Wer schweigt, - da hilft kein Flehen-,
hat's vergeigt, fördert Haß säen.

Am Sonntag die Bundestagswahl
alles andere als egal.
Über siebzig Jahre Frieden etwa zu lang?
Mit Nationalisten ist der Krieg erst recht dran!
Jene Rechtsradikale sind keineswegs sozial,
ihre Wiedergeburt ein politischer Skandal.

Keine Flucht aus der Tretmühle

Morgens um fünf
schlüpft er in die Strümpf',
Kaffee schnell getrunken,
obwohl noch in Träumen versunken,
Stiefel fast vergessen,
kommt vom zu hastigen Essen.
Seine wichtige Arbeit ruft,
obendrein der Chef ein Schuft,
Hauptsache die Kohle stimmt,
man ist halt auf Kommerz getrimmt.
Mist, er hat den Bus verpaßt,
letzten Monat war er noch im Knast,
es folgt dann erneut ein Anschiß,
wenn man ihn doch besser in Ruhe ließ.
Die Kollegen ihn allzu oft mobben,
das könnte er aber noch toppen,
seine Wut wächst mit jedem Satz,
schon bekommt der Erstbeste eine vorn Latz.
Hinzu gesellt sich der fiese Boss,
sitzt wie eh und je hoch zu Roß.
Die Entlassungspapiere in der Hand
knallt er den einfach an die Wand.
Gerechtigkeit ein schnödes Wort,
zurück in den Knast, dem verhassten Ort.

Keine Gewissensbisse

Durch den Regen laufen
in freudiger Erwartung
anregender Gespräche.
Das kühle Naß
den Körper erfrischt,
Gedankenimpulse spendet.

Und Mensch verschwendet
keine Zeit, ohne Unterlaß
die Natur mit Füßen zu treten.
Was Ignoranz alles so
ausblenden lassen kann?

Bis dann irgendwann
die Welt völlig erschöpft
an ihre Grenzen stößt.
Hauptsache ständig geprasst,
ohne mieses Gewissen.

Fühlt man sich nicht beschissen,
wenn die Erkenntnis reift,
daß die meisten beteiligt?
Ausreden werden erdacht,
um am Ende gut dazustehen.
Das Elend wird dennoch nicht gehen.

Keine guten Karten gegen Mächte

Ganz vortrefflich argumentiert,
die Masse hat's geschluckt,
völlig ungeniert
wurden Stühle geruckt.

So läuft das politische Geschäft
in jedem Land.
Egal welches System dies nachäfft,
schreibt's an jede Wand.

Politik als Puffer vor dem Aufstand,
geschützt und gut situiert.
Manche bezweifeln diesen Aufwand,
doch am Ende wird stets pariert.

Wer jenes perfide Spiel durchschaut,
hat keine große Wahl.
Manchmal man besser abhaut,
lautlos, schnell und dabei legal.

Sich gegen Mächte zu stellen,
gleicht der Müh eines Sisyphos.
Das schildern etliche Quellen,
nennen Reiter und Roß.

Keine Macht den Nazis

Über 20 Jahre lange regierte die Union,
ehe man die Sozen ranließ.
Das gegen jedwede Konvention bis dahin verstieß.
Das hatten wir zuvor schon.
Ein gutes Jahrzehnt später
rauften die Haare sich politische Väter,
Mütter ließ man zu,
vorbei mit plenarischer Ruh,
die Grünen waren am Start,
anfangs noch naiv und zart.
Bis dahin undenkbar ne NPD,
einfach einen anderen Namen geben,
dann möge es gescheh'.
Es fand sich ein jene AfD,
oh, man, das tut weh!
Weil keine Macht den Nazis ist passé.
Schon machen Union und FDP mit ihnen gemeinsame Sach',
vorprogrammiert ein heftiger Krach.
Denn wenn Nazis einmal wieder ran dürfen,
mögen Haßobjekte ihr eigenes Blut schlürfen.

Keine Welt für die braune Brut

Geradewegs in Gedanken vertieft
möchten manche uns die Laune verderben,
übertreiben dabei, daß es nur so trieft
mit Haßbotschaften, verkündet von Schergen.

In deren kleinen heilen Welt,
patriotisch, nationalistisch ausgerichtet,
vor allem treudoofe Loyalität zählt,
Ehre, Stolz und Wahrheit wird hinzugedichtet.

Die üble Vergangenheit mag uns warnen,
sie nie mehr wiederholend zuzulassen.
Schon wollen sie erneut sich simpelst tarnen,
bedienen sich derselben Muster wie dem Hassen.

Doch wer ganz genau hinschaut,
erkennt den Fanatismus, die sture Botschaft,
sie zu hinterfragen, kaum jemand sich traut,
auch in deren Reihen herrscht Sippenhaft.

Drum Aussteiger nichts zu lachen haben,
einmal entschlossen auf unsicheren Wegen,
wenn sie es dennoch beherzt wagen,
obwohl viele Ängste sprechen dagegen.

Mut und Zuspruch oberstes Gebot sein muß,
ihnen Hilfe anbieten, wo überall möglich.
Bestärken wir sie im gefällten Entschluß,
reagieren keinesfalls zu zögerlich.

Geradewegs aus sorgenden Gedanken erwacht,
möchten manche uns Lösungen anbieten,
haben deutliche Botschaften entfacht,
entlarven jene rechte Brut als bösartige Nieten.

Kein Pardon für jenen Umgangston

Man muß ihn nicht mögen,
den Jens Spahn,
doch an so manchen Freßtrögen
wollen mal wieder andere dran!

Genau jene rechte Brut,
die stets Faschismus will,
Hauptsache sie streut Zwist und Wut,
horcht nach des Führers Drill.

Mit sozialem Frieden hat's nichts zu tun,
jede Waffe wird von ihnen eingesetzt,
und jene Blender werden mitnichten ruh'n,
es wird im Stakkato gehetzt.

Der Menschheit wäre mit Sicherheit gedient,
wenn dieser Nazihaufen endlich abtritt,
weil sich deren Diktat so gar nicht ziemt,
Gerechtigkeit ist tatsächlich der Hit.

Doch solange der Staat auf dem rechten Auge blind,
um jeden linken Gedanken zu kriminalisieren,
das weiß inzwischen fast jedes Kind,
kann die rechte Brut davon ewiglich profitieren.

Kein Sinn mit Putin

Der Putin, der Putin,
der hat 'nen großen Spleen,
wo will er hin, wo will er hin,
es ergibt keinen Sinn.

Sein rundes Kinn, sein rundes Kinn,
das glänzt wie eine Queen,
fragt sich, wer ich bin, wer ich bin,
mehr Geist sei wohl nicht drin.

Der Putin, der Putin,
der ist zwar kein Stalin,
wo will er hin, wo will er hin,
für Russland kein Gewinn.

Argumente ganz dünn, ganz dünn,
welch dramatischer Beginn,
was für ein Irrsinn, was für ein Irrsinn,
statt win win eher Leichtsinn.

Der Putin, der Putin,
der hat 'nen großen Spleen,
wo will er hin, wo will er hin,
etwa schon bald nach Berlin?

Kein unlösbares Dilemma

Entweder du atmest,
oder du erstickst.
Leben sucht Wege
im Auftrag der Natur.
Schau ruhig erstaunt,
wenn du erschrickst.
Sieh es besser locker
und sei nicht so stur.

Entweder Politik handelt,
oder sie versagt.
Die Schöpfung sieht alles
wie eh und je.
Bei Aufrichtigen
das Gewissen nagt.
Wer einfach wegschaut,
hat einem im Tee.

Entweder es ändert sich etwas,
oder es bleibt beim Alten.
Philosophie mag hilfreich sein
ohne Hintergedanken.
Einfach mal wohlüberlegt
gelassen innehalten.
Öffnet dabei unüberbrückbare,
widrig installierte Schranken.

Krieg Abwesenheit vom Frieden

Reingewaschene Gedanken
unterwegs ohne Unterlaß
in gehorsamer Demut
einer Obrigkeit gegenüber,
finden altbekannte Ziele,
deren nur allzu viele
sich still offenbaren,
wobei Neugier auftaucht,
um nachzuforschen,
wer Verrat begehen mag,
was selbst am jüngsten Tag
nicht gänzlich aufgeklärt;
wer hat Federn gelassen
in jenem kranken Spiel
ohne Sieger?
Außer Krieger
unzählige Menschen!

Kriegsalltag obsiegt

Gleichgültigkeit zieht ihre Bahnen
im Stimmengewirr chaotischer Aufregung,
sie zu halten der Sinn.
Ungeahnt kriegsgeil all diese Fahnen,
Friedliebende gehen, Haß erneut auf dem Sprung.
Nur, wo führt der wohl hin?

Mensch lernt kaum aus seinen Schwächen,
eine Obrigkeit stets gewähren zu lassen,
die arglos Ausbeutung anwendet.
Obwohl sich bald schon Massen rächen,
kaum jemand mehr sicher auf den Straßen,
mal wieder man Soldaten sendet.

Kriegsgeheul läßt Friedenszeiten verschwinden,
die schon viel zu lang anhielten
in den Augen selbstgefälliger Wesen.
Sie mochten obsiegen, sich bösartig winden,
dabei sie nonstop auf ihre Gewinne schielten,
erst recht danach, als ob nie etwas gewesen.

Mensch, siehst du das simple Muster nicht,
welches fortwährend dich unterdrückt?
Keineswegs die Liebe sich ausbreiten kann,
niemand mehr da, der genau das anficht?
Manch Beherzter völlig verrückt
blickt resignierend weg. Welch grausamer Bann!

Mutter Erde schaut erstaunt, was da alles geschieht,
mag kaum mehr sich wirklich erholen
von unglaublicher Zerstörungswut.
Am Ende Humanismus von dannen zieht,
geschwächt ob all der vernichtenden Kapriolen.
Und die Letzten betrachten des Sonnes Feuerglut.

Kurz nach der US-Wahl

Da hilft kaum herzhaftes Klagen,
was drüben in den USA geschieht,
dort wird die Demokratie zu Grabe getragen,
wie ein jeder Beobachter deutlich sieht.

Der blonde Dolle kann nicht verlieren,
sein Konkurrent übt sich in Geduld,
morgen überall im Land Scheiben klirren,
für Trump sind alle anderen Schuld?

Diese Entwicklung war vorauszusehen,
alle Welt nur noch erstaunt zuschaut.
Was muß denn noch alles geschehen,
bis Widerstand sich zu artikulieren traut?

Kurz nach Zwölf – noch nicht zu spät

Festhalten an alten Werten
mag so manchen antreiben,
ihn bewegen, zu bleiben
bei treuen Gefährten.

Doch die Gesellschaft zerfällt,
was niemand aufhalten kann,
und irgendwann
auch das ach so liebe Geld.

Das Chaos perfekt sich ausbreitet,
während viele in Elend versinken,
manche von Ort zu Ort hinken.
Politik dies dennoch brüsk bestreitet.

Die Mär vom friedlichen Leben
möchten viele kaum noch glauben,
lassen sich aber weiterhin berauben,
ohne nach Widerstand zu streben.

Was veranlaßt die Menschen bloß,
offensichtliches zuzulassen,
Kriege, Terror und zunehmendes Hassen?
Wir entstammen doch alle aus Mutters Schoß.

Müssen erneut mehrere Millionen sterben,
bis erkannt wird, wer dahintersteckt?
Bis auch der Friedlichste langsam verreckt?
Die Eliten uns gezielt hetzen ins Verderben?

Selbst nach Zwölf verbleiben Wege,
um eine Kehrtwende einzuleiten,
von jedem, nicht nur den Gescheiten.
Verlaßt Euer angeblich sicheres Gehege!

Lauf der Zeit

Wir sind so berühmt,
haben uns woanders hingebeamt.
Eliten dürfen sich alles erlauben,
das Volk hat an uns zu glauben.
Was mancher so ins Facebook streamt,
sich im normalen Leben nicht geziemt.
Immer schön Haß hochschrauben,
anderen Glücksgefühle dabei rauben.
Die Welt stets auf Krieg getrimmt,
weil Menschen so zerstörerisch sind.

Kreidebleich und der Ohnmacht nah
siehst du, was um dich herum geschah.
Bloß keine gezielten Fragen stellen,
sonst werden sie über dich Urteile fällen.
So vergeht manch trauriges Jahr,
Hauptsache Profite gesteigert, na klar.
Was kann dabei den Alltag erhellen,
wenn Eliten stets ihre Gelder zählen?
Zivilcourage macht sich daher eher rar,
der Optimist dennoch manch Lichtblick sah.

Leise wächst erneut Faschismus

In Talkrunden sitzen,
um gesprächig zu schwitzen,
Politik schönreden,
egal was für Fehden,
Hauptsache der Geldhahn tropft,
selbst wenn's Gehirn verstopft.

Trautes Zusammensein,
niemand wirklich allein,
wenn Haß mal wiedergewinnt,
das Blut in den Adern gerinnt,
Rechtsextremen eine Stimme geben,
soweit ist's bereits hier eben.

Ablenkung funktioniert ganz gut,
kaum jemmand wirklich auf der Hut,
obwohl die Demokratie in Gefahr,
begrüßt man jene blaue Schar,
der man stetig Vertrauen schenkt,
weil sie viele längst abgelenkt.

Lethargie unerwünscht

Rasches Handeln deutet auf Hektik hin,
aufgestützt das träge Kinn,
nach Müßiggang der Sinn.
Gedanken kreisen ums selbe Thema,
suchen willige Abnehmer,
die folgen aber keinem Schema.

Fraglich Lösungen parat,
ausgebremst die euphorische Tat,
bedauerlich, wirklich schad'.
Lethargie allenthalben aufkommt,
im Nahen Osten wird erneut gebombt.
Mediengerangel folgt prompt.

Mal schnell den Blauen Planeten retten,
Klatsch und Tratsch in Gazetten,
erscheint viel wichtiger – wetten?
Brot und Spiele fürs gemeine Volk,
am Himmel so manch dunkle Wolk
sich durchsetzt, mit Erfolg.

Metaphern finden ohne Rätselraten,
kein Problem bei soviel Schandtaten,
bloß nicht einfach abwarten.
Beherztes Hinterfragen rettet Leben,
Mensch hat letztlich viel zu geben,
anstatt seinem Untergang entgegenzustreben.

Mensch an kurzer Leine

Der Konsument bleibt dumm,
schaut er doch die Heidi Klum.
Nichts kommt dabei rum,
dennoch nimmt man ihm's krumm.

So simpel ist er gestrickt,
die Welt des Glamours total verrückt.
Was er in der Glotze alles erblickt,
trotzdem er nicht einfach wegklickt.

Hauptsache Verbraucher bleiben abgelenkt,
man ihnen ab und an was Nettes schenkt.
Der sich dabei so gar nichts denkt,
wüßt er's, wäre er zutiefst gekränkt.

Von Haus aus bleibt der Mensch bequem,
gestaltet man es ihm doch scheinbar angenehm.
Er sieht dabei mitnichten das eigentliche Problem,
ach, würd' er sich doch genauer umseh'n.

Das alles wußten ohnehin schon die Alten,
jenes Mithalten, Entfalten und Festhalten.
Verblendung, statt unbedingt mal abzuschalten.
Sie wollen Euch nur permanent unterhalten.

Motivation ohne Zwang

Ein Ziel vor Augen haben,
bloß kein Zögern zulassen.
Dich stets selbst hinterfragen,
nur nicht mit Gefühlen prassen.

Ehrgeizig nach vorne blicken,
Rückschläge gehören dazu.
Zweifel einfach wegschicken,
gönn' dir die innere Ruh'.

Verlieren heißt, Schwäche zeigen,
die sofort ausgenutzt wird.
Vor Gewinnern sie sich verneigen,
dir im Kopf herumschwirrt.

Perfektionismus etwa echt ein Muß?
Die Meßlatte liegt dermaßen hoch?
Was soll dabei der ganze Stuß,
wenn man zu Kreuze kroch?

Gelassenheit und Freude sich findet,
weil selbstbefreit jene Fesseln.
Falls manch einer sich noch so windet,
setzt du dich nie wieder in Nesseln.

Natürliche Widerstände

Als Rassisten
an nen Baum pissten,
verlor er sein Laub,
war vor Schreck taub.
Verlor manch gesunden Ast,
ohne Frost oder Schneelast.
Jene alten Wesen
wollten kaum mehr genesen.
Drum hütet die Bäume,
verhindert deren Albträume.
Mögen Naturschützer trotzen,
wenn Neue Rechte protzen.

Neujahr voller Erwartung

Das neue Jahr beginnt
wie immer voller Elan.
Da ist schon was dran,
wenn manch Vorsatz zerrint.

Das neue Jahr wird gefeiert
bis tief in die Nacht.
Was haben wir dabei nur entfacht,
daß man morgens dermaßen reiert?

Das neue Jahr soll besser sein
als das alte, denken die meisten.
Früher etliche sehr weit reisten,
jetzt sagt das Virus entschieden nein.

Das neue Jahr wir freudig begrüßen,
ohne zu wissen wieso oder warum.
Mensch bleibt unerfahren und dumm,
im Frühjahr bald schon Blumen sprießen.

Im neuen Jahr Politik hat's erneut in der Hand,
endlich Gerechtigkeit walten zu lassen,
statt ewiglich hier zu kürzen, dort zu prassen.
In der Zukunft verbirgt sich jenes Wunderland.

Nicht eingeschüchtert

Gefallen
In der Not
Ohne Hinterfragung
Gesprächen gelauscht
Alles zu aufgebauscht

Entstanden
Aus Verlegenheit
Mit voller Absicht
Das Glas zerbrochen
Unterm Stein verkrochen

Zu Ende gedacht
In dringender Notwendigkeit
Ganz besonders zielstrebig
Veränderung verlangt
Seither man bangt

Nicht lange zögern

Der schnelle Run aufs Geld
ist wirklich das,
was zählt in dieser Welt?
Nur so zum Spaß?

Erfolg um jeden Preis
wird stets angestrebt,
dient als Alibi der Fleiß?
Nur für den Sieg gelebt?

Und am Ende, wenn's zu spät,
folgt Einsicht oder nicht,
da sich Moral und Ethik regt?
Die Wahrheit dringt ans Licht?

Manchmal in sich kehren,
sei hierbei angesagt.
Zieht daraus durchdachte Lehren,
weil das vergessene Gewissen nagt.

So viel Leid folgenschwer sich offenbart,
wenn wir es auch sehen wollen.
Die Erkenntnis aufglimmt, beinhart,
schien bereits zu lang verschollen.

Wir alle haben es in der Hand,
zu handeln möglichst schnell.
Nicht abseits stehen wir, doch am Rand
des Dunkels. Das Licht scheint grell.

Die Sterne und Planeten, das ganze All
schaut zu, wie wir uns schlagen
im Aufwärtsstreben, im leichtsinnigen Fall.
Nicht lange zögern, sondern jetzt wagen.

Laß uns weise nunmehr handeln,
ein Zurück ist eh schon lang zu spät,
nicht noch mehr die Erde verschandeln,
bevor sie einfach untergeht!

Nie wieder Rechtsradikalismus

Ausgegoren der rechtspolitische Saft,
der neue Haßbotschaften schafft,
die geflissentlich sich Wege suchen,
da hülft kein besorgtes Fluchen,
viel eher Farbe mal bekennen,
statt staatlich weiterzupennen.

Aber dies scheint gezielt ungewollt,
die Vergangenheit uns längst einholt,
manche anmahnend meinen,
losgelassene Propaganda wird sich vereinen,
sichtbar weltweit, wer genau hinschaut:
Die Neue Rechte sich unverblümt traut.

Nun sitzen sie erstmalig im Bundestag,
weil als Protest für manche es so sein mag,
dürfen im Plenum ihre Botschaften lostönen,
werden konstruktives simpelst verhöhnen,
welches ohnehin schon eher rar,
vier lange, polemisch vergiftete Jahr'.

Die Welt schaut gen Europas Mitte,
egal ob Franzose, Italiener oder Brite,
nichts kann dramatischer sein
als ein rechtsradikaler Schein,
der sich etablierend unters Volk mischt,
ungebremst auf alles Menschliche drischt.

Drum laßt uns erst recht zusammenhalten,
bevor solche Pappnasen uns verwalten.
Sie wollen nur ihre tröge Macht ausbauen,
genußvoll gewachsenem Leid zuschauen.
Aber die jetztige Regierung sollte durchgreifen,
bevor noch mehr Rechte durch die Lande streifen.

Ohne Sinn und Verstand

Fröhliches Saufen ist angesagt,
bloß nicht verzagt,
morgen wieder der Ballermann tagt,
natürlich gänzlich ungefragt,
Hauptsache dieser vieles überragt.

Besorgnis in den Wind schießen,
weil Politik sie wieder ranließen,
nichts mit sorgenfreiem Genießen,
fleißig Zwietracht dabei gießen,
die auf Verschwörer stießen.

Eine Welt ohne Sinn und Verstand,
simpel gefahren gegen die Wand.
Vorsicht einfach so verschwand?
Verschwörer zusammen mit rechtem Rand?
Davon befallen so manches Land?

Opfer allzeit bereit

Hochsensibel sensationell,
Reize erreichen dich schnell,
verfliegen trotzdem im Nu,
völlig leer dein Akku.

Tief traurig ohne Vorwarnung
wirst du plötzlich überrascht.
War es innere Eingebung,
wer hat hier wen vernascht?

Kalter Schweiß in kargen Zeiten
läßt keinen Platz zum Vorbereiten,
brutale Ereignisse überstürzen sich,
manch böse Vorahnung dich beschlich.

Ganz viel Ablenkung allerorten
mag die Masse erreichen.
Welches in leisen, geduldigen Worten
Gefühlswelten kann beschleichen.

Doch was Wahrheit offenbart,
klingt für den ein oder anderen hart:
Pfründe fordern stets ihren Tribut,
hinterher ist gar nichts gut!

Opfer gewissenloser Herrscher

Keinerlei Zweifel ausgeräumt,
im stillen Verharren ob erstaunter Fragen.
Bald hat sich's ausgeträumt,
mögen andere uns von dannen jagen.

Zu viele Verbrechen verweilen unaufgeklärt,
während Täter einfach verschwinden.
Wer wohl eigentlich davon zehrt?
Des Rätsels Lösung soll niemand finden.

So tappen manch Theorien im Dunkeln,
entflammt manch gewollter Streit.
Es hilft recht wenig, wenn einige munkeln,
bald sei des Menschen Untergang soweit.

Weil im Grunde letztlich nur eines zählt:
Wer vermag die Allmacht an sich reißen,
erschafft enormen Reichtum mit sehr viel Geld,
möchte am liebsten die ganze Welt bescheißen?

Stets Sklaven und Bücklinge dienreich zur Stelle,
um ein paar Krumen zu erhaschen.
Bloß nicht auffallen, immer auf deren Welle,
ihnen helfen beim boshaften Füllen ihrer Taschen.

Patt Ihr Idioten!

Reizüberflutet,
da gehen sie hin.
Worin der Sinn?
Ein stiller Gedanke tutet.

Zurückgeblickt,
keine Fragen stellen.
Welche Urteile fällen?
Ziemlich ungeschickt.

Abgewählt,
Regierungen sich suchen.
Warum darüber fluchen?
Manchem dies nicht gefällt.

Aufgescheucht,
zuvor vor sich hingedämmert.
So viele dermaßen behämmert?
Was da wohl alles herumfleucht!

Parolengeschrei
sucht erneut sein Ziel.
Wird dem Deutschen nie zuviel?
Merkt ihr's? Einerlei.

Propaganda den trägen Bürger umgarnt

Fakenews in aller Munde,
wen interessieren schon Nachrichten.
Die tun vieles hinzudichten,
so die neue Facebook-Kunde.

Wenn Trump zum Präsidenten aufsteigt,
alle Welt entsetzt aufblickt.
Dennoch manch Treudoofer ihm zunickt,
obwohl dessen Politik hat's vergeigt.

Bloß nichts kritisch hinterfragen,
Kommerz sein Ziel wohl nie verfehlt.
Kunst oder Kultur sich somit quält,
Gewalt hat fortan das Sagen.

Die Gesellschaft zerfällt, läßt sich spalten,
genügend wache Geister sie seit Langem warnen.
Doch Propagandisten den trägen Bürger umgarnen,
drum manch Herrschaften schalten und walten.

Solange Lügen als Wahrheit verkauft
in den Köpfen simpelst haften bleiben,
können Despoten ihr böses Spiel vorantreiben.
Am Ende Menschlichkeit sich zusammenrauft?

Rasenmähen niemals verschmähen

Zwei Zentimeter hoch steht er stramm,
weil manch Gewissenhafter nicht anders kann.
Selbst bei größter Hitze
das HB-Männchen übers Grün flitze.
Da kommt innere Freude auf,
Kumpels sind zugegen zuhauf.

Bei Bierzeltgrillromantik
fühlt man sich so richtig schick.
Was interessiert schon Massentierhaltung,
Hauptsache der Wanst voll eben drum.
Billig soll's gleichwohl gefälligst sein,
auf dies Image bildet man sich was ein.

Der Rasen verdient keineswegs seinen Namen,
präsentiert doch nur, welch dürftiger Rahmen.
Die Tierwelt sei dabei vollkommen egal,
auch wenn sie dabei leidet manch Qual.
Solch konservativer Ignorant
bedeutet für manch Konzern ein Garant.

Es rollt der Euro in dessen Kassen,
die ganz großen tun erst recht prassen.
Doch der kleine Mann hält seinen Rasen kurz,
über Zusammenhänge denken sind dabei schnurz.
Wichtig des Fleisches Fressenslust,
weggespült mit Bier der alltägliche Frust.

Rassismus ein Verbrechen

Zeig mir die vielen Gemeinsamkeiten,
die uns täglich begegnen.
Sie werden bewußt unterdrückt
von ein paar trögen Rassisten.

Zeig mir die ungeschminkte Offenheit,
die weltweiten Frieden bedeutet.
Sie wird ganz gezielt verhindert
von ein ein paar stumpfen Nationalisten.

Zeig mir die Gesprächsbereitschaft,
die jeden Menschen betrifft.
Sie wird weggedrillt
von angepaßt geblendeten Eltern.

Zeig mir all die kreativen Ideen,
die Raum und Zeit der Entfaltung benötigen.
Sie werden nur wenigen gegönnt
von Herrschern voller Neid und Mißgunst.

Zeig mir Wege, das Leben zu bereichern,
welches in der Vielfalt aufblüht.
Verjagt all jene, die destruktiv Humanismus
zu verhindern wissen.
Niemand wird sie danach vermissen.

Rattenfänger erneut unterwegs

Zwischen den Zeilen
eilen und verweilen,
dabei heftig austeilen.
Opfer hängen an Seilen.

Von wegen nur Strategen
sich freundlichst regen,
um per vorgetäuschtem Segen
euch zu bewahren, dabei anderes hegen.

Die Wirklichkeit trügerisches offenbart,
mal wieder Masse sich um sie schart,
wenn welche brüllen knallhart,
erneut Patriotismus sich mit Nationalismus paart.

Ihr fallt drauf rein, auf eure dreisten Demagogen,
die nur zum Schein euch nett gewogen.
Massen wie damals durch die Straßen zogen,
deren simple Parolen wie eh und je verlogen.

Hauptsache Sand in die Augen Fragender gestreut,
selbst offensichtliche Lügen jedweden Haß erfreut.
Am Ende all des Leids manch Glockengeläut,
neuentflammter Rechtsradikalismus gar nichts bereut!

Raum für Änderung vorhanden

Des Weisheits letzter Schluß keineswegs in Nähe,
ach, könnten manche doch vom Wissen naschen,
vielleicht der ein oder andere sehe
wie voll denn der Reichen Taschen.

Dies darf niemals bei den Bürgern ankommen,
jene Erkenntnis, selbst wenn viele erwachen,
sie noch verschwommen, ganz benommen
längst keinerlei Aufstand entfachen.

Nein, das soll schön weiterruhen,
jenes stille, ergebene Erdulden.
Mögen Herrscher in saubeeren, edlen Schuhen,
sie überhäufen mit noch mehr Schulden.

Genau das läßt ihnen Raum für weitere Kriege,
die ohnehin schon lang geplant.
Und die Menschheit stets glaubt an Siege,
selbst wenn dadurch die Apokalypse schwant.

Das innere Gewissen lähmend der Schlange ins Auge
sieht,
während sie eiskalt ihren Weg fortsetzt.
Egal wieviele Opfer, es ewig aufs Neue geschieht,
wegen Eitelkeit oder weil real verletzt.

Solange die selbsternannten Eliten walten dürfen,
die Menschen still ahnungslos vieles zulassen,
diese genußvoll Wein, sie noch Wasser schlürfen,
statt sie davon zu jagen bei deren Prassen,

geht wohl die brutale Rechnung auf.
Wer wagt den ersten Schritt zum Widerstand?
Wiederholung der Ängste des Menschen Lauf?
Warum erhebt gegen Gewalt niemand die Hand?

Kommt nicht wieder mit der Behauptung,
es sei immer so gewesen, keine Chancen in Sicht.
Was die Großen können, wir Kleinen mit noch mehr Schwung.
Wer's nicht versucht, verliert, von dannen kriecht.

Drum laßt Euch bloß nicht entmutigend in die Leere schicken,
es widerspricht dem Plan des Kosmos, so auch dem Humanismus.
Stoppt Euer gleichgülti kritiklos bejahendes Kopfnicken,
die Welt hat genug für alle, geschickt verteilt, im Überfluß!

Rechte finden Wege

Wortgefechte
suchen Wege
ohne Unterlaß.
Tröge Rechte
im heimeligen Gehege
haben ihren Spaß.

Talkshowgäste
in Kameras glotzen,
um Ordnung bemüht.
Überall Proteste,
wildgewordenes Motzen,
manch einer erschrocken flieht.

Fremdgesteuert,
der ein oder andere munkelt,
ohne Argumente aufzuzeigen.
Verbesserung wird beteuert,
obwohl weiterhin geschunkelt
im ewig gleichen Reigen.

Scheingefechte
finden Wege
für ihren Haß.
Die Neue Rechte
per selbstgefälliger Pflege,
darauf ist wohl Verlaß.

Rechtspopulistische Blender

Mit welchem Recht erlaubt Ihr Euch,
nach Widerstand zu schreien,
mit dem Strick in der Hand?
Welch patriotisch identitäres Gekreuch
will uns von was denn befreien,
einer angeblich inloyalen Schand?

Mit welchem Recht fordert Ihr Treue
zur Heimat, die keine sein kann,
weil so viele Völker dort durchzogen?
Droht gar mit Kampf ohne jedwede Reue
ob diesem idiotischen Bann,
der durchs Hirn rast ganz verlogen?

Mit welchem Recht dieser Haß,
dem Ihr arglos berechtigt verfallt,
gleichwohl vor Inkompetenz strotzt?
In etwa komplexbeladenem Spaße,
der im Suff vor sich hinlallt,
dabei Eure Pamphlete dahinrotzt?

Wir sagen es Euch, live und direkt:
Ihr seid dermaßen geblendet
von Eurer verrannten Doktrin,
habt erneut wie damals Blut geleckt,
Euch vom Humanismus längst abgewendet.
Seht nur, Eure Zeit strebt dem Ende hin.

Denn noch gibt es genug wache Gesellen,
die sich nicht von Euch einlullen lassen,
beherzt keinen erneuten Rassismus gewähren.
Die erlauben sich, Urteile zu fällen,
stoppen das sinnlose Hassen auf den Straßen,
beenden Euren Weg, Lügen zu vermehren!

Revolutionäre Wesen täuschen uns

Das Geldscheffeln hat wohl nie ein Ende,
es sei denn, man stoppt des Menschen Gier.
Doch wer wagt nun den ersten Schritt?
Mögen Beherzte einleiten die Wende,
die uns beglücken kann, weltweit, auch hier
der Politik unentschrocken entgegentritt.

Zuvor Übereifrige ihr Hab und Gut retten,
in der Hoffnung auf nicht allzu schlimmen Zeiten.
Wenn jene sich dabei nicht irren,
es folgen Chaos und Kriege. Wetten?
Sie können sich gar nicht vorbereiten,
schon erste Tumulte starten, Scheiben klirren.

Die Vorzeichen waren lange vorher absehbar,
dazu bedurfte es keinerlei Hellseherei.
Wie in allen Hochkulturen zuvor geschehen,
folgte der Zusammenbruch, das ist klar.
Selbst wenn lange her, niemand von uns war dabei,
gilt dennoch für alle: genau hinsehen!

Wieder tummeln sich revolutionäre Wesen,
um bestehende Mächte abzulösen.
Doch wehe, man läßt die Falschen ran.
Schaut genau hin, ihr solltet ihre Texte richtig lesen,
denn sie verleugnen die Guten und sind selbst die Bösen,
achtet jetzt darauf und nicht irgendwann.

Denn jene Nachfolger wiederholen dieselben Fehler
wie bereits zig Mal zuvor passiert.
Laßt sie daher nicht aus den Augen,
auch nicht als mündige Wähler.
Morgen Andersdenkende werden sonst massakriert,
bloß nicht blind vertrauen, eher ihnen nichts glauben.

Säbelrasseln ohne Unterlaß

Tankwagen voller Sprit unternehmen eine Reise,
ihr Ziel bedeutet Nachschub,
der nicht laut tönend, vielmehr ganz leise
Motorisierte versorgt. Ist das etwa klug?

Reichten die beiden letzten großen Kriege nicht aus?
Keineswegs, es war die Stufe zu noch mehr Leid.
Reiche Eliten in ihren Glücksoasen, oh Graus,
haben kein Gewissen, sind zu allem bereit!

Viele Propheten den letzten im Nahen Osten sahen,
ob Cayce, die Hopi oder Nostradamus.
Einfach des Menschen Dasein arglos an die Wand fahren,
mit bevorstehender Apokalypse dann wirklich Schluß?

Mögen noch viele Krieger von dannen ziehen,
weil sie treudoof Befehle befolgend ausführen.
Am Ende nützt selbst kein Fliehen,
gibt es keine Sieger, wir alle verlieren.

Säbelrasseln ohne Unterlaß,
des Menschen Los oder zu bewältigende Aufgabe:
zu unterscheiden zwischen Liebe oder Haß,
er bemerkt, besser friedlich leben bis zum Grabe.

Schamlos ausgenutzt

Gleichgültigkeit
unterwegs
im Gewande
falscher Annahmen.

Wer sät den Samen
der Bosheit,
meist bereit
Menschen zu opfern?

Gewissenlosigkeit
überall präsent,
kennt keine Grenzen,
die sich von Liebe trennt.

Schaut genauer hin

Es schweigen noch viel zu viel die Massen,
folgen dem Konsum, sinnlosem Prassen,
können es nach Jahren nicht lassen,
in manch Schrank kaum noch Tassen.

Dummheit die einen es wohl benennen,
Trägheit sollte man schon erkennen,
anstatt über Not und Armut zu flennen.
Aber sie tun ahnungslos weiterpennen.

Jeder von uns kann vieles erreichen,
bevor zu beklagen ein Meer von Leichen.
Man darf nicht von seiner Meinung abweichen,
bloß nicht unüberlegt die Segel streichen.

Wer dabei solch Verbrechen aufdeckt,
die stets von denselben ausgeheckt,
keineswegs simpelst erschreckt,
dessen Weste bleibt schließlich unbefleckt.

Drum schaut stets genauer hin,
das entspricht dem eigentlichen Sinn.
Völlig ohne Klimbim
wäre wieder ein friedvolles Miteinander drin.

Schon wieder diese braune Brut

„Hinein ins Vergnügen,
bloß keinerlei Scheu,
stets dabei sein,
selbst wenn sie noch so rügen,
ihr bleibt loyal und treu,
wir sind bestimmt nicht allein."

Blaune Kameraden kommen zusammen,
aus braun und blau wird blaun,
welch einfache Kombination.
Gezielt Fahnen in den Boden rammen,
selbstgefällig sich auf die Schultern hau'n,
das ist deren Intention.

„Sieg heil, fürwahr Euch allesamt,
laßt uns die linken Ratten klatschen,
sie verjagen aus dem Reich.
Sie uns schon zu lang verdammt,
och ihr dahinten, hört auf zu quatschen,
ich komm zum Punkt zugleich!"

Da steht er nun, der blaune Oberrecke,
angestarrt von erstaunten Visagen,
kaum einer weiß, was der wohl will.
Stumm verharrt die Horde auf ihrem Flecke,
manch einer von neulich in Bandagen,
da ertönt ein Aufschrei ganz schrill:

„Merkt Euch allesamt für immer,
der Feind will uns nur noch schaden,
wir aber zeigen ihm all uns'ren Mut.
Den sollt ihr beweisen, kein Gewimmer.
Mögen sie davonkriechen wie die Maden,
Hauptsache Ihr macht Eure Sache gut!"

Mit breitem Grinsen die Arme erhoben
wie einst in Hitlers Zeiten,
fühlt die Schar sich ungemein stark.
Ihr Chef dort droben,
den sieht man schon vom Weiten,
manch einer 'ne versteckte Träne verbarg.

Versammlungen dieser Art finden wieder statt,
unsere Demokratie noch nicht eingreift,
obwohl extremer rechter Terror naht.
Paßt auf, sonst machen solche Horden alles platt,
jener blaue Haß auf Rücksicht pfeift,
um unser Land, Europa wäre es allzu schad!

Sei auf der Hut vor dieser blaunen Brut

Innehalten ohne Umschweife,
auf daß man endlich begreife,
wie unmenschlich manch Gesellen,
die sich keiner Verantwortung stellen,
stattdessen ihren Haß streuen,
sich an Gewaltexzessen erfreuen.

Stoppt jene häßlich blaune Brut,
diese sichtbare, unbändige Wut,
die das politische Klima vergiftet,
Gesellschaft somit in Fanatismus abdriftet,
während der Wachsame zu Recht fragt,
warum man sie nicht gezielt anklagt.

Obwohl die Entwicklung ein jeder sehen kann,
zieht die Neue Rechte zu viele in ihren Bann,
etablierte Politik sie nicht in ihre Schranken weist,
daraufhin rechter Pöbel gibt sich ungehemmt dreist,
auch Reichsbürger läßt man gewähren,
die vom Laissez-faire zehren.

Sozen im freien Fall

Ansagen machen,
heftig darüber lachen,
was alles mißglückt.
Wie ungeschickt?

Versprechen entsagen,
schlägt manchem auf den Magen,
gänzlich verrückt.
Viele ziemlich verzückt?

Konsequenzen ziehen,
bloß nicht vor der Realität fliehen,
ein unbedingtes Muß.
Moderat solch ein Schluß?

Worthülsen ausgeliehen,
versteckte Ideen aufblühen,
nicht nur zum Überdruß.
GroKo als erneuter Aufguß?

Eine Partei eingeknickt,
wie ungeschickt,
Demokratie hat ihren Schaden.
Wohin führt dieser politische Laden?

Stille fern des Mobs

Eisenbeschlagen geradeaus
in Richtung Heimattreue
stürzen die Ahnungslosen
mit ihren gezüchteten Neurosen.

Voller Elan ins Verderben,
ohne die geringste Reue
die Menge dabei am Tosen,
Plätze und Straßen voller Scherben.

Ruhe kehrt ein nach langer Weile,
ein Atemholen findet manch Not,
die sich niederschlägt im Nu,
Menschlichkeit so nah dem Tod.

Stoppt das rechte Pack

Ausgeteilt und eingekeilt
verweilt die klägliche Masse
im wirren Gestammel
finsterer Gestalten.
Das hat keine Klasse,
wenn zu viele Bammel,
weil einige schalten und walten
nach Gutsherrenart.

Jede Demokratie ist letzlich ziemlich zart,
kann schnell zur Diktatur kippen,
wenn schweigend Lippen
nicht den Mut zum Widerstand aufbringen.
Davon schon manch Alter kann ein Lied singen.
Doch wer möchte sich aus dem Fenster lehnen,
weil er ängstlich meint, sich am Galgen zu wähnen?
Also läßt man einfach gewähren.

Sie werden davon zehren.
Drum laßt sie uns stoppen,
uns nicht länger foppen
von jener bösartigen rechten Brut!
Ihre haßerfüllte Wut tut niemand gut.
Sie verstecken sich hinter hohlen Phrasen,
möchten morden, lynchen und vergasen.
Dies können wir verhindern – hebt Euren Hintern!

Traum vom Frieden

Reisende solle keiner aufhalten,
sagt man so allenthalben,
Menschen ohnehin nicht verwalten.
Verängstigte Bordsteinschwalben
nutzen jede Gelegenheit,
ein Stückweit ihr Leben zu genießen.
Welch brisante Einsamkeit,
verstummte Gespräche davonfließen.

Eine Welt voll hinterlistiger Tücken,
in der neue Menschen hineingeboren.
Was vermag Gewalt nur entzücken?
Manch Gedemütigte sich daher schworen,
Veränderungen herbeizuführen,
die solch Treiben ein Ende setzen.
Das kann heute nicht, morgen schon passieren:
Eine Welt, ohne andere zu verletzen.

Der Traum vom Frieden uns begleitet,
solange Mensch ihn nicht wirklich lebt.
Drum sei er unbedingt vorbereitet,
wenn Feindes Blut an seinen Händen klebt.
Es gilt, diesen Kreislauf zu beenden,
der schon ewiglich auf Erden währt.
Gegen Frieden ist nichts einzuwenden,
Krieg hat stets nur das Leid vermehrt.

Trennung ohne Schmerz

Alles Banane, deine Argumente,
zahl mal besser Alimente.
Klatsch bloß nicht in die Hände,
ich mal's an Tisch und Wände.
Und warte bestimmt nicht bis zur Rente,
rufe bald mal lieber die Polente.
Auch wenn ich in deinem Bette pennte,
nach manch Liebesnacht flennte,
ich mich dennoch von dir trennte.
Keiner folgt deinem Regimente,
weil's stört, jenes dekadente,
permanent Turbulente,
fast so wie im Parlamente.
Viel verpennte Elemente,
im Schein vehement Präsente,
am Ende verbleibt nichts vom Fundamente.

Verjagt diese braune Brut

Gespräche geführt,
an Themen gerührt,
niemand verliert
dabei das Gesicht.

Massen verführt,
manch Scheibe klirrt,
Reichtum unbeirrt
Recht hat vor Gericht.

Medien sollen lügen,
über Infos verfügen,
schonungslos betrügen
laut rechten Mob.

Woran mag's liegen,
das erneute Bekriegen?
Keiner wird siegen,
geht's in Euren Kopp?!

Die Luft anhalten,
beim Schalten und Walten.
Hört auf die Alten,
die wissen's nur zu gut.

Nur Mut, verjagt diese braune Brut!

Verjagt die Ungerechtigkeit

Vorurteile kursieren bereits ne Weile,
weil och noch bestätigt worden waren.
Warum man ihnen das mitteile?
Da Mitläufer sich fanden in Scharen.

Stets sie Häme voller Inbrunst pflegen,
man sich davon Vorteile verspricht.
Kaum einer wollte sich über Haß aufregen,
diesen vermeiden, wäre höchste Pflicht.

Jene Botschaften ungebremst sich verbreiten,
in sozialen Netzwerken herrscht ein böser Ton.
Dort gilt, was immer geschah zu allen Zeiten:
Wer nicht mitschwimmt, den tun sie bedroh'n.

Die Sprache der Gewalt nimmt längst Überhand,
Politik schweigend solch Zustände duldet.
Eine menschlich gesunde Gesellschaft steht am Rand,
da zuviel Armut dem Reichtum alles schuldet.

Wann wird der Mensch endlich begreifen,
wie arglistig die Gier für Krieg und Elend sorgt?
Wie lange noch lassen wir uns einseifen?
Ändert's jetzt, es geht, seid unbesorgt!

Verteidigung ohne Sinn und Verstand

Sie sind losgezogen, um ihre Ehre zu verteidigen,
in voller Kampfmontur,
bei 44 Grad im Schatten.
Lassen sich nie wieder beleidigen,
erst recht nicht auf dem Schulflur,
von jenen ungehobelten Ratten.

Der Kampf war kurz und erbarmungslos,
Schmerzensschreie erschallten den Hof,
als schon der Direktor hinzueilte,
losbrüllte: „Aufhören, ich bin der Boß!
Seid ihr noch zu retten, dermaßen doof?!"
Seine Sekretärin mit Verbandszeug bei ihnen weilte.

Was die Jugend sich alles erlaubte,
gehörte wohl zum Aufwachsen dazu.
Gleichwohl Gewalt heute mehr geschieht.
Wer damals noch an Gerechtigkeit glaubte,
dem passen auch jetzt noch keine Schuh,
egal, was man geflissentlich übersieht.

Sie zogen los, ihr Land zu verteidigen,
überstürzt und in Panik geraten,
die Luft bitterkalt bei Minus dreißig Grad.
Es gab nichts mehr zu beleidigen,
die wenigsten rochen den fiesen Braten,
jetzt ham se den Salat.

Die Städte zerstört, überall Leichengestank,
das Bild in den Köpfen haften bleibt,
wer solch Menschen nicht traut.
Da hocken sie nun grübelnd auf einer Bank,
was dort wohl an Gedanken sie antreibt,
seitdem sie sich damals arglos verhaut?

Vertrauen verloren

Keine Zeit heilt all die Wunden,
die abgrundtiefen Runden,
die in allzu vielen Munden
Wege der Lügen erfunden,
abgedroschene Kunden
in fataler Korruption eingebunden.

Komm, leg dich hin, schlaf in Ruh,
es paßt nicht jedem der eigene Schuh,
morgen alles gar weg im Nu,
glotzt mancher wie eine verdutzte Kuh?
Schon fallen dir die Augen zu,
weil manch Mär ein gezielter Clou?

Des Menschen Leid wird überstrapaziert,
wer davon wohl partizipiert?
Aber Hauptsache Wohlstand platziert,
Not und Elend nicht reduziert.
Was dabei wohl warum passiert,
manch Finte gezielt grassiert?

Vieles einfach vorwegnehmen

Scheitern, ohne Schaden zu nehmen,
sich in Sicherheit wähnen.
Manager gelangweilt gähnen
angesichts sozialkritischer Themen.

Einstreichen, selbstgefällige Tantiemen,
dabei sich garantiert nicht schämen.
Besser an gewählte Politik lehnen,
stets nach noch mehr Profit sich sehnen.

Wohin mit all den Problemen,
verschieben zu den Rechtsextremen?
Die sie gern aufnehmen,
von München bis nach Bremen.

Lassen wir dieses unselige Bezähmen,
bedenkt, wo wir wohl hinkämen.
Nicht nur glotzen die Tagesthemen,
sich keinesfalls grämen.

Finden wir uns in Systemen,
in herrischen und angenehmen,
manche gar gezielt Menschen lähmen.
Im Lichte dunkler Schemen.

Viel gesagt und noch mehr gefragt

Weißt du wieviel Fragen Kinderherzen belasten,
die des nachts in ihr Kissen weinen?
Da hilft kein entschuldigendes Davonhasten,
kein dümmliches Verneinen.

Weißt du wieviel Menschen unschuldig sterben,
die ungefragt am verkehrten Ort?
Da hilft kein blindwütiges Verderben,
kein Bekriegen in einem fort.

Weißt du wieviel Lügen die Geschichte begleiten,
die inszeniert wenigen Mächten dienen?
Da hilft kein beherzt mutiges Einschreiten,
kein wütender Mob entlang verkehrter Schienen.

Weißt du wieviel unnötiges Leid vermeidbar gewesen,
das hätte nicht stattfinden sollen?
Da hilft kein Besaufen an irgendeinem Thresen,
kein nahes oder entferntes Donnergrollen.

Weißt du wieviel Antworten auf manch Lippen,
die längst Wege gefunden?
Sie werden Mächtigen an deren Schultern tippen,
sich nicht nur ob ihres Gewissens erkunden!

Visionen keine Optionen

Traditionen sollen sich lohnen,
man ihnen beiwohnen,
ohnehin keine Fiktionen.
Wer weckt denn welche Dämonen?
Schon fliegen manch Drohnen,
gefüllt mit gefährlichen Patronen.
Im Ziel gewisse Zonen,
ermorden bestimmte Personen.
Gelernt wurden jene Lektionen,
folgen ihren Illusionen,
es helfen dabei keine Petitionen,
keinen werden sie verschonen.

Vom Fluch zu geringer Solidarität

Meinungsfreiheit
grenzenlos
ohne Hürden
Hauptsache hassen
viel lieber prassen
erst recht mit Worten
Morddrohungen
gegen Politiker
Künstler und Andersdenkende
Faschismus findet Wege
der Entfaltung
keine Enthaltung
den Rechtsstaat aushöhlen
die Demokratie abschaffen
Schweigende dabei gaffen
niemand hält sie auf
diese Rechtsradikalen
was sind schon Zahlen

Was für'n Flop

Einfach abgezockt,
total verbockt.
Neugierde gelockt,
Gelder aufgestockt.
Daneben gehockt.

Was für'n Flop!
Vorher alles top,
Ramsch im Shop.
Pferde im Galopp,
bewundert manch Snob.

Welch Schande – hinweg mit dieser Bande

Keine Fragen stellen,
lieber Vorurteile fällen.
Bloß nicht aufmucken,
besser wegducken.

Wer hat euch dies empfohlen,
so unverhohlen, oft gestohlen,
zu wiederholen jene Parolen?

Keine Antworten geben,
lieber Haß leben.
Bloß nicht hinschauen,
besser niemand trauen.

Wer hat euch dies gelehrt,
wovon Gewalt jetzt zehrt,
sie sich gar vermehrt?

Keine Ahnung haben,
am Leid der anderen laben.
Bloß nicht nachdenken,
besser kein Lächeln schenken.

Wer hat euch ins Hirn geschissen,
so gänzlich ohne jedwedes Gewissen
euch einfach zu verpissen?

Fangt endlich an,
nicht irgendwann,
den eigentlichen Sinn zu erkennen,
sonst werden bald erneut nicht nur Bücher brennen!

Wenn der Winter anklopft

Dunkle Wolken ziehen stürmisch vorbei,
einerlei, ob du oder du dabei,
Herbstmode erneut der letzte Schrei.
Farbenfrohe Stoffe umhüllen lässige Gestalten,
des nächtens erste Fröste Böden erkalten,
Geschäftssinn muß stets sich halten.

Das Blau des Himmels scheint trügerisch herab,
doch man hält sich up to date auf Trapp,
woran wohl jene Emsigkeit im Vorborgenen lag?
Völlig egal, zerstörte Umwelt als Folge gewiß,
Hauptsache der Kunde folgt dem Beschiß,
manch einer Aufrichtgkeit vermißt.

Die Dunkelheit der Nacht mondlos ins Schwarz getaucht,
am Ufer der Seine eine rollige Katze faucht,
Enrique hat sich scheinbar seinen Fuß verstaucht.
Mit lautem Geschrei zwei finstere Gesellen fluchen,
ständig brüllend nach Streit suchen,
ob nicht auch sie was abbekommen vom Kuchen.

Keine Wärme im November mehr vorhanden,
Flieger auf vereisten Bahnen unsicher landen,
Unaufmerksame kommen somit zuschanden.
Wie lange noch müssen Ungeduldige warten,
bis dann bunte Pflanzen blühen im Garten?
In Erinnerung manch Winter, besonders die harten.

Wenn die Liebe reift

Das Herz schlug einen Purzelbaum,
als ich dich sah im gelben Rock.
Welch rothaarig sinniger Traum
schlendert dort mit jenem ollen Bock!

Ach, könnte der nicht einfach verschwinden,
zumal sie ihn keinesfalls mag.
Er möchte' sie nur an sich binden,
lauerte ihr auf Tag für Tag.

Vergessen die alten Schulzeiten,
als wir uns noch unschuldig trafen?
Das Austauschen von Heimlichkeiten,
selbst wenn die Eltern uns bestraften?

Dazwischen wir uns aus den Augen verloren,
die Ausbildung, der Ortswechsel stattfand.
Obwohl wir uns stets unsere Liebe schworen,
mit der Zeit uns nichts mehr verband.

Nach zwei Jahrzehnten ich dich jetzt wieder sah,
ausgerechnet mit jenem älteren Mann.
Wie konnt's passieren, daß dies geschah,
da mußte ich wohl entschieden ran.

Ein kurzer Moment, lautstarkes Schreien
folgte unvermeidbar im Gegenüber.
Kein Problem, wir konnten einander verzeihen,
der alte Mann war ihr Vater, der Herr Stüber.

Wenn Störche klappern und plappern

Es klappert und plappert ein Storch tagaus, tagein,
ach, könnt' ich doch so nen Schwein wie der Hoecke sein.
Doch außer miesen Phrasen fällt ihm nichts besseres ein.
Da hat, es ist ne sie, genannt Bea, nur so zum Schein
sie ne Idee, so richtig ganz für sich allein.
Uns kriegt man nie und nimmer klein,
weil viel zu viele Flüchtlinge wollen hier rein,
das sollte aber keinesfalls so sein!
Kein Gewissen, schon gar keine Pein
ham sie beim Frotzeln und Schreien
über die Medien, all die anderen Parteien.
Kann man soviel Haß noch irgendwie verzeihen?
Mitnichten. Nein!

Wo die Liebe hinfällt

Blendendweiße Zähne lächeln dich freundlich an,
und du grübelst, was da noch geschehen mag.
Bis nach langen Gesprächen und Blicken irgendwann -
wie soll es anders sein - sie in deinen Armen lag.

Wo die Liebe hinfällt, kann kaum jemand bestimmen,
sehr viele Facetten tragen geheimnisvoll dazu bei.
Mal sind wir ganz klar im Kopf, mal wie von Sinnen,
am Ende glaubt man zu wissen: Wir lieben uns, wir zwei.

Verliebte blenden aus die Alltagssorgen,
verschwenden kaum Zeit für andere Gedanken,
was jetzt ist, das zählt. Was interessiert da morgen?
Was heute sich gut anfühlt, könnte morgen schwanken.

Drum halten viele Beziehungen nicht auf Dauer,
weil im Rausch schöner Gefühle die Macken nicht sieht,
wer nicht erkennt, daß neben Sonne da sind auch
Regenschauer.
Auf diese Weise schon mal die Liebe entflieht.

Halten wir uns dran, suchend, uns dennoch zu finden,
denn die Liebe gehört zum Leben ohnehin.
Man möcht' sie nicht missen, dafür gern sich schinden,
und so sich sagt: Liebe hat ihren tieferen Sinn.

Zeitgeschehen

Rasende Reporter unterwegs,
um Schlagzeilen zu finden.
Der Wahrheit stets auf den Fersen,
maßvoll, zurückhaltend kalkuliert.
Wer hierbei wohl was verliert?

Gewählte Politiker sich tummelnd
in Parlamenten beweisen wollen.
Der Wirtschaft voller Gehorsam
ohne Gewissensbisse verpflichtet.
Wer hierbei wohl was dazudichtet?

Menschenmassen der Hektik des Alltags
zu fliehen versuchen.
Meist chancenlos Ziele im Visier,
voller Verzweiflung jeden Strohhalm ergreifen.
Wer hierbei wohl nichts will begreifen?

Zerstörung entfachen trotz Frühlingserwachen

Blauer Himmel wolkenlos,
Stimmung riesengroß.
Kein Lüftchen sich regt,
die volle Stunde schlägt.
Ein Taubenschwarm erscheint,
ein Kind leise vor sich weint.

Knospen an Frühling erinnern,
Winter zählt nicht mehr zu den Gewinnern.
Es hat sich ausgeschneit,
Natur und Mensch von Kälte befreit.
Sonnenstrahlen erste Wärme spenden,
neues Leben deren Energie wird verwenden.

Doch Mensch schwer beschäftigt im Alltag
nicht an die Schöpfung glauben mag.
Stattdessen fast blind und taub agiert,
lieber nach Reichtum schwadroniert.
Könnt' er nur die Schönheit begreifen,
gäb es auf Friedhöfen weniger Schleifen.

Zwischen Wehmut und Rückblick

Die Erinnerung, das Gewissen peinigt dich,
wo anfangen, wo enden?
Politik handelt manchmal widerlich,
Macht erlangen mit sauberen Händen?
Mitleid hält sich in Grenzen,
obwohl das Elend zu groß.
Nur das Böse wird ergänzen,
was da kroch aus Mutters Schoß!

Die Vergangenheit, das Jetzt und das Morgen,
wann folgt notwendige Konsequenz?
Niemand vermag sich die Welt nur auszuborgen,
nach Zerstörung nutzt keine Insolvenz.
Vorwürfe führen nicht zum Ziel,
weil keine Zeit mehr vorhanden.
Es braucht tatsächlich gar nicht viel,
was wir an Lösungen dabei erkannten.

Lotar Martin Kamm, Jahrgang 1957, geboren in Tübingen, als Kleinkind aufgewachsen in Schottland, gelernter Möbelschreiner, gearbeitet als Bühnentischler, Holzbildhauer, lebt im Oberbergischen Kreis, betreibt die Journalismusplattform "querdenkende.com", moderiert beim Web-Radio "Radiobase".